STAR MAN

Vladimir Reyna Guzmán

Con cariño
para mis alumnos y alumnas

Contenido

Una televisión
y un burro de planchar

Pasó dos días después de Navidad: mi madre estaba en la planta baja de la casa preparando el desayuno. Yo debía estar cuidándolo, pero estaba atrapado en un videojuego. Oí a mi mamá gritar mi nombre. Bajé las escaleras, encontré a mi hermano tirado en el suelo; se había caído desde el segundo piso, atravesó por una rendija el barandal metálico. Mi mamá lo levantó. El pequeño estaba inmóvil, con los ojos abiertos, no lloraba; no sabíamos si todavía respiraba.

Sin mirarme, mi madre salió de la casa con el niño en brazos; fue con el vecino a pedirle que la llevara al hospital. Yo me quedé esperando. Prendí el foco, aspiré el vapor de ese infierno químico con precursores chinos.

Cuando llegan, yo estoy sentado en un sillón atravesado por sentimientos de culpa, miedo y tristeza. Me levanto y me acerco a ella. «Se quedó en el hospital; vine por algunas cosas». Se va sin darme el beso de buenas noches.

Despierto en la madrugada. Unos gatos imitan sonidos de bebés llorando. Entro en la habitación de mi hermano. Ninguna de sus cosas está en su lugar: el cuarto ha sido convertido en un estudio con una pequeña biblioteca. Decido salir para indagar de dónde viene el bullicio. Camino unas tres cuadras hasta encontrar el punto de donde emanan los chillidos. Aspiro los vapores del cristal. He llegado al lugar exacto. Mi hermano está sentado sobre un columpio, le cuelgan las piernas; sonríe cuando me acerco a él. Lo tomo de la mano, y caminamos hasta nuestra casa. «Ya no tienes habitación», le digo. Dormimos en mi cuarto.

Cuando despierto, el pequeño aún está dormido. Abre los ojos, me mira y sonríe. Vive en mi cuarto por varios días. Mi madre hace como si no existiera: no le lleva de comer ni habla con él.

Veo el reloj: son las tres y treinta de la madrugada. Salgo de casa. Llego hasta los columpios, prendo el foco para fumar cristal. Permanezco ahí más de una hora. Regreso a casa. Cuando llego, mi llave no abre la puerta principal, así que entro por la del patio. Pensé que la casa estaba vacía, luego me encuentro a mi hermano armando un rompecabezas en la sala. No me saluda, ni siquiera me mira.

Cuando subo a mi habitación me doy cuenta de que no están mis cosas. Hay una televisión y un burro de planchar. Bajo a preguntarle a mi hermano, pero no sabe nada.

Entra mi mamá con un hombre de mediana edad. No reparan en nosotros, cuelgan sus cosas en el perchero y se dirigen a la cocina; empiezan a guardar en cajas de cartón lo poco que queda en la casa. Mi madre y su novio se van. No volvemos a saber nada de ellos.

Mi hermano y yo nos quedamos solos; asustamos a todas las personas que vienen a conocer la casa, porque quizás estamos muertos, pero no queremos quedarnos sin domicilio. Volvemos a acondicionar nuestras habitaciones. Siempre estoy pendiente de sus movimientos, no quiero volver a verlo sufrir.

Velas negras para Belcebú

Mauro me está esperando en un columpio, lleva su gabardina negra al mero estilo de Dylan Klebold a pesar del calor. Camino a su lado. «Debemos encender velas negras, sacarnos sangre de la mano y escribir en un papel nuestros deseos», dice. Estamos cansados de la ineptitud del Creador; Satanás será nuestro aliado, romperemos todos nuestros votos con el catolicismo. Llegamos hasta su casa, subimos a su habitación; me siento en su cama. Mauro pone dos velas negras sobre su escritorio.

Belcebú volverá fuerte nuestro espíritu.

—¿Estás listo? —pregunta mi camarada. Respondo de manera afirmativa. Pone un encendedor en mi mano, prendo mi candela oscura, se lo devuelvo—.

—Aún podemos arrepentirnos —le digo—.

—Nada de eso —responde—.

Sonreímos nerviosos. Es una acción de nuestro libre albedrío, hicimos esta elección de manera consciente. Mi cómplice me alcanza una aguja y un pedazo de hoja de papel. Antes de pincharnos, decimos la oración maldita: «Todopoderoso y afable Belcebú, nosotros renunciamos a todas las lealtades pasadas; dejamos atrás al incompetente Dios, a su despreciable hijo y al podrido Espíritu Santo; proclamamos al Maligno como deidad. Nos comprometemos a honrarte, oh Demonio nuestro, con el fin de ver satisfechos nuestros deseos».

En ese momento, el Diablo aparece sentado en la cama. Los dos nos miramos sorprendidos.

—No se espanten —dice—, ustedes me llamaron.

—Tenemos dos peticiones —dice mi amigo después de que los dos movimos la cabeza para mostrar afirmación—: queremos que el mundo sea un mejor lugar para vivir, estamos hartos de observar tragedias e injusticias, y deseamos ver repartidas todas las riquezas.

—¿Se dan cuenta de lo que me están pidiendo? Me están ofreciendo dos almas mugrosas por culminar con mi reinado sobre los seres humanos. ¿Acaso están idiotas? Eso deben pedírselo a Dios.

—Pero las oraciones de miles de millones de personas no han servido de nada —aduzco—.

—Dylan Klebold y Erik Harris de Columbine solo me pidieron fama, me ofrecieron trece muertes, heridos y pánico, del cual me alimento. Ustedes no me están ofreciendo nada —manifiesta Satán mientras observa a Mauro con vehemencia—. No puedo hacer el trabajo de Dios, no me hagan perder mi tiempo.

Truena los dedos y desaparece tras una pequeña explosión. Mi camarada y yo nos quedamos mirando uno a otro. Nos despedimos con tristeza y decepción.

No hablamos durante tres semanas, hasta que Mauro me llama para exponerme su nueva idea: debemos montar una asociación civil para recibir donaciones de ropa y repartirla entre los más necesitados. Esta vez no contará conmigo.

¿Soy un dios Coyote?

A mi papá le gustaba Ray Conniff. Yo no entendía su música; de cualquier forma, era mi padre. Mi madre disfrutaba más la tropical. Mi hermana de en medio escuchaba a José José, y la más grande, a los Rolling Stones. Yo era el más chico.

Cuando tenía 15 años, floreció en mí el deseo de formar un grupo de *rock*, aún no tenía integrantes, pero ya tenía nombre: Etergea. Reuní a amigos de mi edad y armamos nuestra primera tocada. Etergea se desintegró.

Poco después, con otros camaradas, formé Ad Perpetuam; mientras estaba en esta agrupación decidí dedicarme para siempre a la música: escribí mis primeras canciones y abandoné la escuela.

Ad Perpetuam también se deshizo. Yo cantaba en otro proyecto nombrado Casaca, que duró muy poco. Formé parte de Las Extraordinarias Efigies del Alba: conocí a Alberto y a Rodo en una fiesta, tocamos juntos y así formamos nuestra banda.

No ganábamos dinero, tocábamos en cumpleaños, imitábamos el *look* de agrupaciones famosas de otros países. Nuestra imagen intimidaba a algunos, no queríamos parecernos a nadie, y al final nos parecíamos a todos.

Después de que se desintegró Las Extraordinarias Efigies del Alba, decidí formar Serenata Macabra. Quería acercarme a la cultura urbana. En la radio se referían a mí como un vocalista carismático. Grabamos un demo con cuatro melodías. Todos estaban oyendo nuestra canción titulada «Tóquenme, pues exísto». Compartimos escenario con Bendita Mansión, Bipolar y Violadores del Pánico.

Aún no grabábamos disco, y ya todos se sabían nuestras canciones. Nos ofrecieron un contrato para nuestro primer álbum. De un palomazo salió nuestro gran éxito. Algunos nos consideraron un triunfo musical. Sonamos en todas las radios y foros de rock en español. Rockotitlán nos quedaba chico. Compusimos nuestro *hit* titulado «La partícula se contrae».

Empezaron las fricciones entre Alberto, Rodo y yo. Alguien estaba haciendo mucho dinero con nuestra música, nosotros no. Nos consideraron el artificio de toda una generación. Le abrimos camino a muchas otras agrupaciones. Por eso somos recordados ahora.

Bipolar todavía existe, nosotros ya no.

Salimos en todas las revistas y en todos los canales de televisión. Grabamos nuestro segundo disco. Tuvimos un concierto con la agrupación internacional Infusión Mono. Algunos piensan que soy una especie de chamán, pero no lo soy.

Después me clavé en las drogas, le compuse varias canciones al cristal. Todos nos estábamos peleando por el nombre de Serenata Macabra. Trabajábamos en nuestro último disco. Tocamos con los Rolling Stones, mi hermana estaba orgullosa de mí. Sobre el escenario en un concierto en Zacatecas, Rodo y yo nos agarramos a madrazos, pero él dejó que nos siguiéramos llamando Serenata Macabra.

Decidí formar otra agrupación llamada Los Coyotes; Alberto formó parte de ella.

Serenata Macabra se había disuelto. En los medios alegaban que no fue una buena decisión. Ellos qué sabían. Nuestros seguidores estaban tristes, no odiaban a Rodo. Me empecé a quedar sin voz, ya no pude cantar. En el cine daban el Rey León, fui a verla con mi hijo. En la prensa decían que el nombre de mi nueva banda parecía nombre de equipo de futbol de tercera división, eso no me importó; me preocupé más por mis cuerdas vocales. Ya casi no tenía voz, suspendimos todas las giras. Los integrantes me reprochaban mis descuidos.

Me operaron muchas veces. Duré dos años sin cantar, hasta que recibí la buena noticia del médico: ya podía volver a hacerlo. Reuní a Los Coyotes, pero yo ya no daba los mismos tonos de voz. Le entramos a la crítica social. Nos maldijeron, atacaron, descalificaron, lapidaron y ningunearon; pero seguíamos haciéndolo desde el fondo del corazón. Perdimos seguidores, extrañaban a Serenata Macabra. Ya no éramos *darks.*

Aún cantaba canciones viejas; no era ni chamán ni gurú, solo era este pedazo de carne humana que tienes enfrente. Todavía teníamos conciencia social, los discos de Los Coyotes iban lento. Ya casi nadie iba a nuestros conciertos. No estábamos desesperados. No éramos mediocres, pero ya no había grandeza. Ya no quería pensar en nuevos discos, ya no me importaba nuestro lugar en la historia.

¿Soy leyenda o soy un ángel? ¿Mi música es de culto? ¿Manipulo a los jóvenes? ¿Soy un misterio? ¿Tengo áurea mística? ¿Soy un dios Coyote? No sueñen, no habrá perdón para nuestros errores, no podremos volver en el tiempo. La vida es otra cosa, está en otro lugar, no aquí ni ahora. Aún hay años, vida, tiempo. ¿Qué soy yo? Una mirada, una legión, un reloj descompuesto, letras de los créditos en ascenso, un vómito de alma vieja, un camino. Un punto final.

Adentro hay un abismo

Diez años después de mi primer libro, pude publicar mi segundo volumen de relatos. Firmé un contrato, me comprometí a realizar una presentación. Yo no quería asistir al evento organizado alrededor de mi publicación porque siempre me pongo nervioso y termino diciendo tonterías, pero los papeles estaban firmados, así que no pude retractarme. Llegué puntual. Había pocas personas en el público. Me presentaron por segunda vez como un escritor incipiente.

——¿Sufres o gozas al escribir?

——Lo disfruto —mentí a través del micrófono—.

Terminó el evento, regresé a mi hogar caminando. Intenté terminar un par de cuentos, pero no pude escribir una sola línea.

——¿Es usted el escritor de *Adentro hay un abismo*?

——Así es, respondí.

——Me gustaría hacerle una entrevista, ¿es posible? —Preguntó la voz femenina al otro lado de la línea—.

——Claro —contesté—.

——¿Podemos reunirnos mañana en El Alfolí a las cinco de la tarde?

——Sí podemos. ¿Con quién tengo el gusto?

——Con L. Llevaré una chamarra verde.

——Ahí nos veremos mañana, L. —expresé antes de colgar—.

Comenzó mi desosiego. Formulé respuestas para sus posibles preguntas: «Escribir para mí es expulsar demonios», «Una persona puede ser un abismo», «Mis relatos pretenden ser un paseo sereno por un parque a media tarde»... respondería en caso de ser cuestionado sobre esos menesteres.

Estuve observando unos videos antes de dormir: entrevistas a escritores muertos y documentales sobre literatos a punto de fenecer. Después me quedé dormido.

Al despertar, pude recordar mis sueños: estaba en la presentación de mi segunda novela; no se aludía a mí como un escritor incipiente, sino como un narrador con oficio. Al terminar de leer mi discurso, se escuchaban aplausos y ovaciones.

Encendí la computadora, me serví un café, borré tres párrafos. L. tenía una voz rasposa y profunda; no le pregunté para cuál medio de comunicación trabajaba. Logré avanzar un párrafo. Corregía mientras se llegaba la hora de comer; preparé algo rápido.

Estuve listo para asistir a la entrevista. Caminé unas cuadras hasta El Alfolí, encontré a L. con su chaqueta verde levantando su mano derecha y sonriendo.

——Mucho gusto —me dio la mano, se puso de pie y me plantó un beso en la mejilla—. Tome asiento por favor. ¿Cómo está?

——Un poco intranquilo —manifesté—.

——No tiene por qué estarlo; en realidad no se trata de una entrevista tradicional, solo te quería conocer y hacerte unas preguntas. ¿Puedo tutearte? —Yo respondí de manera afirmativa solo con la cabeza—. ¿Cómo te va con tu segundo libro?

——Bien.

——Enhorabuena; tiene buenos cuentos. Pero no es de esta publicación de la que me gustaría hablar, sino de la anterior.

—¿De *Adentro hay un abismo*? —Pero son escritos que ya quisiera olvidar, pensé—.

—Me pasó algo curioso con ese libro: algunos de sus textos han sido premonitorios en mi vida, otros me han ayudado a tomar decisiones, los últimos definieron algún momento de mi existencia.

En el café cambiaron de música. Me asombraron sus declaraciones, y me quedé sin palabras; después de ver fijamente a L. por unos segundos, pensé que podía estar exagerando.

—Me halagas. Me asombran tus comentarios. En realidad, no sé qué decirte.

—No te preocupes —me tranquilizó—. Al leer tu nuevo libro, te sentí... ¿Cómo decirlo? Extraviado. La verdad, me preocupé. ¿Te pasa algo?

—No me pasa nada, sigo siendo el mismo, con algunos años y unos kilos más.

—No te molestes, de verdad necesitaba hablar contigo. —Vaya loca, pensé; me invadió un poderoso deseo de irme, pero me quedé sentado unos momentos más—. Te noto incómodo. Solo te quiero decir algo más, que soñé con un mensaje para ti: «Debes escribir sobre tus alrededores».

—Debo irme —dije después de sonreír, porque me puse nervioso—.

Dejé un billete de cien pesos y me largué.

Caminé por el centro, pensando en mi siguiente libro: capturaría el espíritu de la época, incendiaría cerros y valles... Llegué al jardín de la Madre pensando que mi próxima obra sería leída por miles de personas, que firmaría ejemplares y asistiría a entrevistas de verdad. Entonces vino la voluntad de escribir. Detuve un taxi, llegué a mi casa, encendí la computadora y, antes de escribir, me quedé en blanco.

«Todo por culpa de esa loca», dije en voz baja. Me serví una pequeña taza de café, seguí leyendo un libro de poemas; me quedé dormido. En mi sueño estaba en el jardín de la Madre. L. estaba sentada en la banca, cerca de la fuente; entonces, llegó un hombre vestido de traje, yo solo podía ver su espalda. Se sentó junto a ella. Cuando volteó, pude ver su cara. Era yo mismo, pero envejecido.

Desperté. Pensé en L. Encendí la computadora para empezar a escribir mi primera novela, un libro que incendiaría cerros y valles. Ya frente al monitor, no pude escribir una sola palabra. Recordé mi sueño en el jardín de la Madre. No pude más con la incertidumbre, decidí llamarle.

——Hola —me dijo L.—, ¿cómo estás?

——Bien, gracias. Soñé contigo.

——Lo sabía. Cuéntame más.

——Estábamos sentados en una banca cerca de la fuente en el jardín de la Madre. No alcancé a escuchar nuestras palabras.

——Yo no he vuelto a soñar contigo. ¿Has empezado a escribir?

——No —contesté—.

——Deberías.

——Voy a pensarlo —dije antes de dar por terminada la llamada—.

Encendí la computadora. Hay una mesa de madera deteniendo mis codos, atrás un librero y un refrigerador. No sé si está funcionando.

Escribí una pequeña historia: una mujer joven con cuerpo saludable y mirada brillante seducía a los hombres para llevarlos a su casa, donde les ofrecía whisky con veneno para inmovilizarlos antes de matarlos. Mientras estaban inermes, aprovechaba para contarles sus sueños, que siempre eran acerca de un escritor incipiente que estaba enamorado de ella, y que escribía historias basándose en su belleza.

Después, empecé a esbozar una historia más extensa cuya trama no quiero revelar por cuestiones de superstición. Al día siguiente, terminé el primer capítulo y, en menos de tres meses tuve el borrador. Mientras escribía, me olvidé de L. y de las admoniciones.

Cuando la novela estuvo lista, la envié a varias editoriales y a algunos certámenes literarios. Pasaron varios meses sin tener respuesta. Yo no estaba ansioso ni preocupado; seguí escribiendo algunas historias cortas y preparando otro libro.

Al cabo de dos meses, recibí por fin una noticia: la iban a publicar. Días después me enviaron el contrato por correo. No decía nada de presentaciones ni de eventos públicos. Esta vez no me presentarían como un escritor incipiente.

L. volvió a llamar; preguntó si nos podíamos ver de nuevo en El Alfolí. Dije que sí.

Mientras me dirigía a la cita, recordé otra de las preguntas surgidas en la presentación de mi segundo libro; una joven de diecinueve años se atrevió a participar.

——Quiero escribir cuentos —dijo con el micrófono en la mano—; pero cuando lo hago, me salen historias de amor. ¿Qué puedo hacer para escribir sobre otra cosa?

—No intentes escribir sobre otra cosa, escribe sobre el amor desde todos los puntos de vista, así terminarás aburriéndote y vendrán nuevos intereses.

L. ya estaba en el café cuando llegué, se levantó y me sembró un beso en la mejilla.

—¿Cómo estás?

—Bien, gracias, contento: me van a publicar en la editorial Cuarto Día.

—Muchas felicidades —dijo luego de sonreír—; aunque ya lo sabía. Me gustaría hacerte algunas preguntas para una revista digital en la que trabajo. ¿Te parece bien?

—De acuerdo.

—¿Qué es para ti la literatura?

—Sacar mis demonios a dar un paseo.

—Respecto de tu segundo libro de cuentos, ¿qué representa el abismo en esas historias?

—Representa el vacío que cada ser humano tiene en su interior.

—Por último, ¿qué son tus cuentos para ti?

—Son caminatas serenas en el centro de la ciudad —dije sonriendo—. Debo irme.

—Está bien.

Me despidió con otro beso en la mejilla.

Al llegar a casa, seguí escribiendo mi novela.

Me dio miedo asistir a su presentación.

El hombre de agua

Cuando termina mi primera clase, decido buscar a Yu. Lo encuentro, lo abrazo fuerte. «Te traigo un regalo», le digo; pregunto si nos podemos ver a la hora del almuerzo para comerlo juntos. Responde que sí. Me da un beso en la mejilla, nos despedimos.

Regreso al salón de clases. Camino hacia la cafetería de la universidad. Me siento debajo de un árbol. Desde aquí puedo observar otros salones y la mayoría de las mesas alrededor. Pasan los primeros cinco minutos. Yu. no llega. Recibo un mensaje. «Lo siento, no podré ir; debo revisar un proyecto con mi asesor». Decido comer la mitad del pastel mágico.

No siento nada extraordinario, así que engullo la otra mitad. Ya no tengo hambre.

Regreso a clases. Pongo atención a lo que explica el profesor. Pienso en Yu. Me sobrecoge el efecto del pastel. Se modifica mi percepción: la silla se mueve de manera lenta. Volteo a ver a mis compañeros, pero parece que nadie se percata de lo que me está pasando: estoy entrando en otra dimensión. Oigo música a lo lejos, no sabría decir con exactitud cómo suena, pero tiene guitarras, bajo y percusiones.

No me puedo concentrar, no entiendo las palabras de la clase. Tocan mi hombro. «¿Estás bien?», preguntan. «Sí», miento, pues la verdad es que mi cabeza está dando vueltas, y yo ya no soy yo. «No debí haber hecho esto», pienso. Tengo miedo de morir. Distingo la voz de Damon Albarn, es «*Boys and girls*», de Blur. Dice que sigamos al rebaño hasta Grecia.

«Tienes los ojos rojos», acusa mi amiga. Le platico lo ocurrido. Todos me están observando, negando con la cabeza; piensan que he tirado mi vida a la basura.

Entra al salón la directora de la universidad. Pienso que viene por mí para expulsarme. «¿Qué le voy a decir a mi mamá? ¿Me llevarán a la cárcel? No me podré graduar, tendré que cambiarme de escuela, estudiar otra carrera, irme del país. Yu. dejará de hablarme».

Respiro de manera acelerada, trato de controlar los movimientos de mi cuerpo. No pasa nada de lo que yo temía. Termina la clase, dejo el aula, camino hacia los jardines de la facultad.

Estoy más tranquila, aunque todavía no soy yo. Nadie debe darse cuenta de mi estado. Sigo andando. Llego a una sala donde hay una exposición de Gabriel Pacheco, y me detengo a observar la primera pintura, *El hombre de agua*. En la obra hay cinco niños en un espacio cerrado, una entidad antropomorfa les ofrece agua con la mano derecha, lleva un gorro en forma de regadera para macetas y unos pantaloncillos cortos confeccionados con la mitad de un barril de madera; encima del hombre hay un gato negro, y cerca de sus pies reposa un pequeño sapo. Parece simbolizar que los niños son los únicos capaces de disfrutar los dones de la naturaleza.

Me siento en una banca metálica del jardín. Observo las formas de las nubes: dragones, perros gigantes, murciélagos, niños regañados, dictadores ofreciendo discursos encendidos... Me invade un apetito voraz, me levanto, camino hasta la cafetería.

Después de comer, empiezo a mejorar. Ya no tengo miedo, no seré expulsada de la escuela.

Está a punto de anochecer, así que decido regresar a mi casa, tomo un autobús. Estoy en paz. Pienso en Yu., en mi madre, en mi amiga, en Damon Albarn (que dice en mi cabeza que nada está agotado, solo reproducido), en los niños de la pintura de Gabriel Pacheco y, sobre todo, en el dictador que vi en el cielo.

Al llegar a casa, le doy un beso en la mejilla a mi madre. «¿Vas a cenar?», me pregunta. «No, gracias», le respondo. Me dirijo hacia mi habitación, pongo música.

——¿Lista para comernos ese pastel? —pregunta Yu. en un mensaje de texto—.

——Me lo comí todo, mañana te cuento.

——¿Cómo estás?

——Bien, luego te platico.

Apago mi teléfono, quito la música y me quedo dormida.

Sueño con un pequeño paseo por las estrellas y agradezco seguir viviendo en este mundo.

La cara de Yu.

Cada tarde dibujamos un objeto diferente, yo estoy en el grupo de los rezagados. Cuando el maestro piensa que algún trabajo nuestro es aceptable, pasamos al siguiente nivel. Yo no consigo avanzar, cada una de mis representaciones es mejor, pero no logro la calidad requerida.

Las clases de pintura son en el museo Francisco Goitia. Cuando terminan, mis amigos me esperan afuera; después me acompañan a tomar el camión.

Al llegar a casa, saludo a mi madre, y me voy a mi cuarto. No hago la tarea. Duermo con la grabadora encendida.

Me levanto por la mañana, me pongo el uniforme, camino hasta la secundaria; atravieso el parque con parsimonia, no quiero llegar a la escuela.

Regreso otra vez a mi casa. Abro el refrigerador, y como lo primero que encuentro. Reviso las tareas, lavo los trastes y me quito el uniforme.

Me voy en transporte público hasta el centro de la ciudad para asistir al taller del maestro Nájera. Todos están dibujando: un jarrón, una botella de jugo, una cabeza de venado, una escultura de madera...

Mis amigos me esperan fuera del museo. Vamos al parque a fumar y a esperar a las niñas. Caminamos bajo los árboles y arrojamos monedas en las fuentes.

Otra vez a la escuela. Me siento cerca de mi amiga L., que me pasa un papelito en el que dice que Yu. se le declaró, y no sabe qué responderle. «¿Te gusta?», le pregunto en el mismo papelito. «Más o menos», me responde. Le escribo que lo trate más; pero yo no quiero ver ese romance realizarse.

Cuando terminan las clases, Yu. y C. están sentados afuera de la escuela. «Hoy no podremos ir por ti al curso de pintura», dice uno de mis amigos. «Está bien. Nos vemos mañana». Camino solo hasta mi casa.

Me sirvo un plato de cereal con leche. Lavo los trastes. No hago la tarea. Voy al taller. Dibujamos un robot de juguete, me gusta el modelo, me esmero. El maestro se pasea para ver nuestros dibujos, ve el mío con detenimiento. Al terminar, pienso en la nueva pareja de enamorados.

Le entrego el dibujo al maestro Nájera, lo observa durante algunos segundos. «Nos vemos la siguiente sesión», me dice. Al salir, echo de menos a mis camaradas. Regreso otra vez sin compañía.

Suena la alarma. Me baño y me pongo el uniforme. Camino tranquilo hasta la secundaria. Me siento junto a mi amiga. Ella me pasa un papel con algo escrito: «Yu. y yo ya somos novios». Siento tristeza, envidia. Le escribo «Me alegro por los dos»; pero estoy mintiendo. Cuando salimos al descanso, Yu. y mi amiga se ponen frente a mí. «Ya somos novios», me dicen con una sonrisa. Yo también quiero ser su novio, siento envidia, pero debo fingir alegría para que nadie pueda notarla.

Busco un lugar en el jardín de la escuela para comer mi torta de aguacate con queso. Cuando termino, suena el timbre: el receso ha terminado.

Aún nos faltan dos materias. Ya queremos salir, pero los minutos transcurren lentos. Tenemos hambre y ganas de descansar. Cuando salimos, Yu. espera a L. No quiero hacer mal tercio, así que los dejo solos. Me dirijo al centro, tomo un autobús hacia mi colonia. Llego a mis aposentos. Caliento unos tamales, lavo los trastes; no hago la tarea. Camino hasta el taller de Nájera, que nos pide dibujar algo de nuestra imaginación. Dibujo la cara de Yu. Cuando termino, el maestro me dice que estoy listo para ir con los avanzados.

Cajas chinas

«Quiero devolverle sus pesadillas —sentencia la mujer—. No me interesa saber nada sobre usted, no quiero indagar en la naturaleza de sus sueños».

Caminamos por calles tranquilas de nuestra ciudad. «Ustedes están viviendo un caso típico de contagio onírico. Recuéstense, concéntrense en la música. Estos frascos contienen azahar y jazmín. Inhalen el aroma». Nos quedamos dormidos.

Estoy en una habitación con piso de madera y paredes blancas. Abro una puerta: encuentro otro espacio idéntico. Veo a la mujer durmiendo, me detengo en la curva de su nariz. Las ratas disputan mi cuerpo.

Sus pesadillas le han sido devueltas.

«Me gustaría hablar a solas con la señorita», dice la terapeuta, y yo voy a esperarla en la recepción.

Aparece. Me besa en la comisura de los labios. Caminamos por calles opuestas. Llego a casa. Trabajo. Me quedo dormido.

Soy un emperador dando un paseo por el jardín. Me detengo ante la frescura de las fuentes, observo a una doncella, que se arrodilla pidiendo amparo; la han sentenciado a muerte: antes del amanecer le cortarán la cabeza. Decido desposarla. Despierto sin consumar la noche de bodas.

Introduzco piezas de cerámica al horno; espero algunas horas. Llaman a la puerta: es ella.

—Te traigo un regalo —dice—. Mis pesadillas han desaparecido.

——Lo sé, yo vuelvo a tenerlas.

——Dormí de manera placentera. Ni siquiera recuerdo lo que soñé.

——Yo, en cambio...

——No... no quiero saber —me interrumpe—. Termina su té, se despide.

Abro el regalo: amatista pulida. Atravieso el umbral, entro en una habitación con piso de madera y paredes blancas. La dama duerme en un diván. Me recuesto a su lado. Las ratas muerden mi carne. Soy un emperador paseando en el jardín con mi esposa. Despierto.

Juego una partida de ajedrez a distancia. Saco unas piezas cerámicas del horno. Preparo pan con jamón. Recibo una visita inesperada, que me regala una amatista pulida. Atravieso habitaciones.

Reposo al lado de la dama. Me muerde una rata. Paseo en el jardín del palacio. Saco unas piezas cerámicas del horno. Beso a la señorita. Duermo.

Yo soy mis pesadillas. Ahora no sé si ella es un mal sueño. De cualquier forma, debo sacar estas piezas del horno. Amatista. Doncella. Té de azahar y jazmín. Ajedrez. Cacharros de barro.

Si fuese dromedario
no tendría sed

odos mis amigos siguen fumando marihuana;
yo no. Otra vez tocan a mi puerta preguntando si aún vendo droga, respondo de manera negativa.

Esta tarde me llamó L. para invitarme al museo. Nos veremos en el centro de la ciudad.

Anoche estuve pensando en la fama, en dirigir mentes, en tirar la basura cuando pase el camión. L. debe estar cepillando su cabello.

Camino hasta el centro. L. me está esperando sentada en una banca del jardín. Me observa, guarda su libro, se levanta, me besa en la mejilla. «Estamos perdiendo los mejores años de nuestras vidas —dice mientras caminamos parsimoniosamente con las manos en los bolsillos—. Nadie nos recordará dentro de sesenta años, no hemos hecho nada importante», espeta mientras me mira. Me intranquiliza.

Ella paga las entradas, subimos escaleras, andamos entre pasillos fríos, visitamos salas iluminadas, deconstruimos con la mirada la obra pictórica del maestro Nájera. Salimos del museo.

Ha oscurecido ya. Caminamos por calles apacibles. «¿Me acompañas a tomar una cerveza?», pregunta. «Por supuesto», respondo. En la cantina yo no pido nada. La observo, sigo sus pláticas; eventualmente inicio conversaciones con o sin sentido. Estando con ella amaina mi melancolía, es mi placebo perfecto.

Poco después de la medianoche la acompaño a tomar un taxi. Camino hasta mi recinto, es una noche fría, pero siempre he disfrutado los paseos nocturnos a pesar de las bajas temperaturas. Desde que estoy sobrio ni siquiera me he resfriado.

Afuera de mi casa hay dos jóvenes esperando. «¿Tienes cristal?» Pregunta uno de ellos. «Ya no me dedico a eso», les digo mientras atravieso el umbral, y les cierro la puerta en la cara.

No tengo dinero para ningún capricho, apenas lo necesario para vivir.

L. me llama. «Ando bien marihuana —manifiesta al otro lado de la línea—; solo quería decirte eso». Cuelga. Pienso en ella, incrementa mi desasosiego. Los ahorros siempre se terminan antes de lo deseado.

L. fuma marihuana al despertar, bebe café, escribe poesía, se prepara el desayuno, vuelve a fumar, bebe más café, lee.... Sale al centro de la ciudad, toma cerveza, regresa a casa. Hasta ahora no ha tenido complicaciones por sus hábitos.

Estando con ella siempre deseo volver a drogarme; la verdad es que no quiero, por eso he decidido bloquearla de todas mis redes sociales.

Hasta nunca, L., espero que puedas arreglar tu vida.

No llores cerca del mingitorio

La clase de artes está por terminar. El maestro pega con cinta adhesiva la fotografía de un antiguo mingitorio. «De tarea escribirán en su libreta cinco cosas que pueden hacerse con este objeto», sentencia. Escribo lo más obvio: orinar. Suena el timbre de salida. Dejamos el salón de clases.

Camino hasta el aula de la niña más bonita de segundo grado. Todavía no la dejan salir, así que me dirijo a la plaza cívica donde siempre nos reunimos.

La veo acercarse. «¿Me acompañas a desayunar?», me pregunta. Caminamos hacia la fila de las tortas. En la formación, un idiota me da un codazo. Lo aviento con las manos. Cae sobre el cemento pulido. Se levanta ligero y señala mi cara con el índice: «Nos vemos a la salida».

«Un urinario desmontado también puede servir para golpear a alguien», pienso. ¿Pero qué clase de tarea es esta? «No te vayas a pelear —me dijo ella—. Debo decirte algo: Ya no puedo ser tu novia; debo irme».

Me quedo ahí parado, pensando cómo suceden las cosas tan rápido, de manera inesperada y trágica. Quiero ir a llorar al baño, pero suena la chicharra. Regreso a mi salón. No me puedo concentrar en la clase de Física; mucho menos en taller de Carpintería. El mundo se vino abajo, se perdió el sentido de mi existencia: infinita tristeza.

«Debes golpearlo primero —sentenció Yu.—, así tendrás ventaja». Terminan las clases. Nos dirigimos a la puerta.

Yo voy pensando en dar el primer golpe, en mi ruptura amorosa y en la tarea de artes. Afuera ya está El Bado con sus amigos. Llego, me paro frente a él y, sin decir nada, le doy el primer puñetazo en la cara; después lo cargo y lo estampo contra un carro estacionado en la calle; salen los dueños del Topaz 92, y todos salimos corriendo.

Vamos sin ver atrás, sin nada en mente más que alejarnos para sortear cualquier responsabilidad. Ya distanciado del peligro, camino solo y tranquilo hacia la parada del autobús. Cerca de la panadería me encuentro a tres de mis mejores amigas.

«¿Cómo estás? —me pregunta una de ellas—. Te está buscando El Bado con su pandilla de vagos». «Te quieren golpear», dice otra. Me acompañan hasta la parada del camión.

Vamos hablando de cualquier tontería. Alguien toca mi hombro. Cuando giro, me golpean con una botella de cerveza encima de la ceja. Me desubico un momento. Las niñas lo detienen. «¡Vete!», me gritan. El autobús pasa cerca de mí; le hago la parada y se detiene para levantarme. Subo, pago y me voy de pie, sin pensar gran cosa: ya no me importa casi nada.

Me limpio la sangre con una servilleta de papel. Desciendo cerca de la guardería de mi hermano menor, a quien debo recoger para llevarlo a casa. No se percata de mi herida. Llegamos. Se queda dormido en el sillón de la sala. Voy a mi cuarto a escuchar el segundo disco de Maná.

Poco después llega mi madre y nos llama a comer. Nos sentamos a la mesa. No se da cuenta de mi golpe. Lavo los trastes. Mientras enjuago las cacerolas me pongo triste. ¿Por qué me terminaría?

Seguramente está enamorada de otro o sus papás la regañaron o no quiere ser novia de un fracasado como yo. Me duele la frente.

Un mingitorio también se puede utilizar para… para… no se me ocurre nada. Cuando lavo el último cubierto, me voy a mi cuarto. Quiero pedirle explicaciones; suplicarle poder estar con ella por siempre lamiendo sus labios y olfateando su cabello. «La tarea de la vespasiana es una verdadera estupidez», pienso antes de quedarme dormido. Despierto temprano y me baño con agua tibia.

Camino por el parque hasta la secundaria. Llego temprano al salón de clase sin que se me haya ocurrido otro uso para el urinario. Cuando llegan las niñas, se sientan cerca de mí. «¿Cómo estás?», pregunta una de ellas. «Bien», respondo.

Entra el maestro cuando ya todos estamos en el salón. Cierra la puerta, y comienza la clase. «Ayer les encargué una tarea: los posibles usos de este objeto —dice mientras pega la fotografía otra vez en el pizarrón verde—. ¿Alguien nos quiere compartir sus respuestas?». Una de mis amigas levanta la mano. «Para orinar, de maceta, pecera, florero…». «Para todo eso —interrumpe el maestro—; pero Marcel Duchamp lo convirtió en una obra de arte».

¿Una obra de arte? ¿Pero qué tontería es esa? A mí me terminó mi novia sin razón, me golpearon con una botella en la cara y nadie pareció notarlo. Levanto la mano. El profesor me cede la palabra. «¿Puedo ir al baño?», pregunto. «Sí, pero no tardes».

Mientras camino, repito en mi cabeza la canción de Maná. «Me siento so solo sooolo, siento morirme sin su amor…». Llego al sanitario; me encierro en un apartado, y lloro en silencio. Nada de esto tiene sentido: la vida solo te golpea sin misericordia, y las cosas malas ocurren una tras otra sin piedad ni orden. Cuando me tranquilizo, dirijo una mirada a los urinarios.

Llego al salón, me siento en mi butaca, observo el objeto blanco con la firma R. Mutt. «Vaya mierdas que nos enseñan en la escuela», pienso.

Una caja en forma de corazón

Para convertir los sueños en realidad es necesario intentar verse las manos mientras se duerme; después todo es más sencillo: puedes decidir a dónde quieres ir, y hacer cualquier cosa.

Fui a casa de L. para verla desnuda. Le gustan bandas con nombres extraños, también le gusta Nirvana; tiene el cabello teñido de azul. Estoy enamorado de ella; por supuesto, nadie lo sabe. Estuve un par de horas cuidándole el sueño. Otra noche fui a casa de un profesor abusador psicológico. Abrí las llaves de gas de su casa. Cuando me iba, decidí regresar para cerrarlas: de pronto mi odio hacia él amainó.

Ahora he llegado a estar mejor en los sueños que durante la vigilia. Cuando estoy despierto me dedico a editar videos, corregir sonidos, enviar correos electrónicos... ustedes entienden, ese tipo de cosas que uno hace para ganar dinero. Hoy en la noche iré de nuevo a casa de L.

He terminado la mayoría de mis pendientes, pero no tengo sueño. Decido comprar unas pastillas para dormir. Me acomodo en el sillón de la sala. Me quedo dormido, observo mis manos, me voy volando a casa de L.

Desde arriba veo el techo de mi habitación, después los límites de la colonia, el parque, el lago, la tienda departamental, el centro de la ciudad, algunos cerros y, por último, su casa.

Atravieso la pared de su habitación. No duerme, mata zombis, nazis o algún extraño alienígena de videojuego. La observo. Está sonriendo, no se da cuenta de que estoy ahí. No puedo tocarla, solo mirarla; me concentro en sus ojos, penetro en su cerebro.

Ahora está sentada sola en el desierto, tiene lentes oscuros y un sombrero de paja; voltea, me ve. «Te estaba esperando —dice antes de levantarse y tomarme de la mano—. Acompáñame». Los dos volamos por encima del desierto y llegamos a nuestra ciudad de noche, no hay nadie. «Siempre quise conocer a alguien como tú», expresa. Nos sentamos en una banca del jardín. Se quita la camiseta de Nirvana, toma mis dos manos, suena «*Scentless Apprentice*» entre acordes sencillísimos y la voz pastosa del difunto Kurt Cobain.

Nos vestimos. Me pide por favor que salga de su cabeza. Cierro los ojos. Cuando los abro estoy en su habitación viéndola matar zombis, nazis o cualquier extraño alienígena. Decido regresar a casa. El efecto del somnífero ha pasado.

Despierto y sigo trabajando. Edito videos, arreglo fotografías, envío carteles diseñados por computadora, pienso en mi jubilación: debo ganar lo suficiente para pagar la renta y todos los servicios. Pienso en su camiseta de Nirvana, suena «*Heart–Shaped Box*».

¿Es usted un fantasma?

Llevo varias horas dando vueltas en la cama, no consigo dormir, me levanto a fumar, leo un poco, apago la luz, le envío un mensaje a L.; son las cuatro de la madrugada, no me responde.

Decido salir a dar un paseo, camino por el parque, todavía hay luces de farolas encendidas, no gobierna la oscuridad. Regreso a casa, me preparo una infusión de tila, apago la luz, me meto entre las sábanas, otra vez no logro conciliar el sueño. Me baño con agua caliente, me seco el cabello, me pongo la bata. Tomo otro libro del estante. Oigo pasos que se acercan a mi puerta. «¿Eres tú, L.?» Nadie responde.

Después de un rato me quedo dormido. En mi sueño estoy caminando en un campo de maíz, aparece un hombre de espaldas, voltea y tiene un rostro desenfocado. «¿Usted cree en fantasmas?», me pregunta. Le respondo de manera afirmativa. Sigue caminando y se aleja de mí.

Decidí abandonar la universidad porque ya no estaba aprendiendo nada nuevo o no me gustaba lo que intentaban enseñarme. Comencé a dormirme cada vez más tarde, y despertaba pasado el mediodía. «Debes buscar trabajo —me decía L.—, o al menos considerar estudiar otra vez». Yo no quería volver a la escuela ni trabajar; con la pensión que me había dejado mi madre me alcanzaba para vivir, solo quería conocer caminos nuevos y explorar todos los cerros a mi alrededor. Me había equivocado al elegir carrera universitaria: realmente no quería ser diseñador gráfico. L. llevaba ya más de tres años trabajando en un despacho jurídico.

Comienzo una nueva exploración rural, camino por un sendero extraño, desciendo por el descampado; me encuentro con una construcción de adobe, toco a la puerta. Me abre un niño vestido de pastor. Justo cuando voy a hablar con él, despierto.

No encuentro a L., de seguro está afinando los detalles de algún divorcio. Hace mucho que no trabajo, pero el dinero que gané la última vez no me sirvió para nada, ahora solo me dedico a explorar caminos viejos, escuchar música, pensar en L. y tomar té o café.

Descubro un lugar en las afueras de la ciudad con un pequeño estanque. Asciendo por el descampado. Se parece al camino de mis sueños. Me desvío un poco cuando veo la pequeña construcción de adobe, camino hasta ella y toco a la puerta. Me abre un niño con atuendo de pastor.

—Hola —me dice—.

—Hola —le respondo—.

—¿Qué desea?

—¿Quién vive aquí?

—Yo y toda mi familia. ¿Es usted un fantasma?

—No.

Cuando llego a casa decido meterme entre las cobijas, cambio de posición varias veces. Como todavía no es de madrugada decido enviarle otro mensaje a L. Recibo su respuesta: prepárate un té, me dice. Me levanto de la cama, lo preparo, lo bebo cuando ya no está tan caliente.

Sueño que estoy en un salón de espejos, me observo los poros abiertos de la cara. Cuando despierto, L. está desnuda a mi lado. Me levanto para ponerme la pijama. L. despierta, me pregunta si le puedo traer agua. Camino hasta la cocina, sirvo agua hasta la mitad del vaso más limpio de la casa. L. la bebe de un solo trago, me regresa el vaso y se vuelve a quedar dormida. Yo me acomodo otra vez entre las cobijas, acerco mi pelvis a sus caderas. Morfeo me recibe en sus brazos.

Estoy de nuevo en la casa de adobe, toco a la puerta, me abre el mismo niño. Me hace una cruz con los dedos. «No me gustan los fantasmas», me dice. Despierto, y L. ya no está.

Ya no sé si soy un fantasma, una parte de mí murió con mi madre. Entré a Diseño Gráfico porque me gustaba dibujar. Mi madre me ayudó a elegir carrera y escuela, pero murió cuando yo estaba en cuarto semestre; entonces decidí abandonar la universidad.

Mi padre estuvo con nosotros hasta que yo cumplí cuatro años, después no volvimos a saber nada de él; aún recuerdo la última vez que lo vi: me fue a recoger al jardín de niños después de una pastorela, me compró un chocolate, fuimos al cerro a buscar pequeños fósiles, partimos piedras, rompimos botellas, me cargó en sus hombros. No sé por qué nos dejó, no sé si a él le hubiera gustado que estudiara Diseño.

Ahora piensan que soy un fantasma. Yo no estoy seguro de lo que soy, pero una de las maneras de saberlo es volviendo a estudiar o consiguiendo un buen empleo, quizás lo haga cuando despierte, siempre y cuando tenga las energías suficientes.

Rock *is dead*

Yu. me introdujo en el mundo de la música electrónica. En aquel tiempo yo solo escuchaba a Caifanes y a La Maldita Vecindad. «El rock ha muerto», me dijo con la intención de romper todas mis creencias, y lo consiguió. Me prestó varios discos compactos, me explicó lo que hacían los DJ, me llevó a mi primer rave, me enseñó a mezclar dos melodías. Sin darme cuenta, me convertí también en una DJ.

Lo último que recuerdo es que yo estaba haciendo sonar cada reproductor: las notas musicales dividían la atmósfera. Se acercó el organizador de la fiesta, un amigo de Yu., me enseñó su pulgar hacia arriba en señal de aprobación.

Decidí acelerar la velocidad de la música. Sonaron esos potentes latidos. Todos bailaban, aplaudían y bebían sus elíxires; sentían el miedo producido por el *beat*, no dejaban de danzar; se abrazaban, se besaban, sentían otros cuerpos, caminaban hacia lugares alejados para despojarse con voluptuosidad de sus ropas; me tomaban fotos; grababan videos de mi acto musical. Los miré, sonreí, levanté las manos al ritmo de los bombos sintéticos.

Habitábamos diferentes mundos, nos elevábamos, quedaba abajo el suelo donde antes estaban nuestros pies; escudriñábamos el espacio; mirábamos con asombro el sol y los planetas. La música seguía sonando potente e hipnótica, como el canto de sirenas virtuales. Recorríamos galaxias mientras una frecuencia sonora se volvía visible, se transformaba en una línea luminosa señalando el regreso a casa.

El organizador de la fiesta se acercó para hacerme saber que había terminado mi sesión, así culminó el viaje. El siguiente DJ puso música de centro comercial, todos lo disfrutamos.

Yo viajé al desierto. Cerca de unos nopales con tunas rojas había un dispositivo digital con audífonos. Me puse de nuevo la diadema en la cabeza. Cuando empezó a sonar la primera melodía, aparecieron jóvenes bailando y bebiendo líquidos fluorescentes. Nadie podía ya verme: perdí todas mis propiedades físicas, disfruté las melodías potentes y ensordecedoras. No pude volver a casa. Así sucedió de manera constante e infinita.

Aparecí en una lista de mujeres desaparecidas.

Yu. fue interrogado muchas veces, nadie sabía nada sobre mi paradero. «Es una lástima —decían—, era de las mejores DJ de la escena».

Mientras la música siga sonando no hace falta la realidad; vengan a buscarme, piérdanse en mí, encuéntrenme en estos potentes latidos.

Pequeños tsunamis

L. pensó que esta vez sería para siempre; quería casarse y tener hijos que estudiaran en escuelas públicas o privadas. Por eso ahora experimenta sentimientos confusos; si le preguntaran, contestaría con remilgos que casi no puede respirar, o alguna otra majadería. Otra vez se equivocó y no termina de aceptarlo.

Va caminando de regreso a su casa. La basura tapa las coladeras de las principales calles de esta ciudad, los charcos reflejan su rostro descompuesto, los carros generan pequeños tsunamis en la orilla de las banquetas. Quiere decir que cae una tormenta, pero no es cierto; sin embargo, es el año más lluvioso en catorce siglos.

Va empapada, se detiene un momento. Cuando se llora mientras llueve, nadie puede percibir las lágrimas. Ustedes podrían pensar en *Blade Runner* o en Juan Gabriel. «Siempre huyes, y eso no es bueno —dice Yu.—; es mejor enfrentar los problemas». La respuesta de L. es una pregunta: «¿Cuáles problemas?». Se levanta, desayuna cereal con leche deslactosada, sale de casa, llega al trabajo. No está asustada ni escapa, como dijo Yu.; pero no quiere estar un segundo más en esta ciudad. Si le preguntaran, contestaría cualquier necedad. Otra vez no podrá casarse y tener a sus hijos de ojos grandes, negros y brillantes.

«¿A cuánto asciende la población mundial hoy? —Se pregunta L.— ¿Yu.?» «Es como cuando vas a un parque de diversiones, y el boleto que compras no sirve para las mejores atracciones; te conformas con el teatro guiñol y los dragones dando vueltas arriba y abajo», contesta cuando le preguntan por su ex.

Sale corriendo porque no le gusta lo que ve, las gotas de lluvia escurren por su cara, tiene el estómago revuelto. Nadie dirá que llora. Llega a casa empapada, se mete a bañar con agua caliente, no duerme bien. Ahora desea estar muerta. «Yo ya debería estar enterrada en mi caja de madera», piensa mientras envuelve su cabello húmedo en una toalla. Renuncia a la idea de recibir un anillo de compromiso con un diamante de treinta y cinco puntos.

Por momentos puede describir con exactitud un instante, luego admite la inutilidad de sus intenciones y se queda observando el techo, ahí hay muchas respuestas.

Decide perdonarlo. Yu. cuando termina de reír y Yu. cuando entra a la región de los sueños. Después no hay nada. Yu. cuando sea y como sea, menos ese instante cuando ella, muñeca mojada de trapo, se queda inmóvil viendo a través de un cristal cómo se besa con otra.

Quizá sea un buen momento para renunciar al amor, para elegir la soltería como vocación o para admitir el romanticismo como la más barata de las construcciones sociales.

L. es más que una novia vestida de blanco: es el proyecto inacabado de la creación, los ojos perfectos para reconocer el mundo, las piernas potentes recorriendo los caminos de los alrededores, la calma después de todas las tormentas, el espíritu hecho carne, la fuerza de un poderoso cuerpo; pero ahora

solo es un manojo de lágrimas porque se quería casar con Yu., quien solo desea besar la mayor cantidad de labios posibles.

Con el tiempo, nadie recordará los pequeños maremotos en las orillas de las banquetas, ni siquiera L. podrá volver a conectar con sus sentimientos actuales. Por el momento, debemos entenderla y tenerle paciencia, incluso podemos pensar en *Blade Runner* o en Juan Gabriel.

Cajas de arena

Anoche estuvimos hablando de la muerte; después nos quedamos dormidos. Al despertar, no me relataste ningún sueño ni tampoco me ordenaste encender la cafetera. Te preparaste para ir a trabajar, me dejaste solo entre las cobijas y usurpé tu lugar en la cama gran parte de la mañana. Te agradezco permitirme estar sin trabajar para seguir planeando mi gran poemario. Antes de levantarme leí poesía en la cama, después desayuné, preparé café orgánico y me encomendé a Dios para evadir la colitis diurna. Trabajas en un hospital hasta las cinco de la tarde, no sé exactamente lo que haces, pero ayudas a las personas a aliviarse. Yo seguí pensando en la muerte. Si muriera hoy, ¿quién vendría a mi velorio? Mis padres, mis hermanos, alguna tía y tú, sin lugar a dudas. Todos estamos muertos como el gato de Schrödinger, la caja cerrada es el universo entero, los gatos somos todos nosotros y ustedes también. Estuve bosquejando poemas, pensando, esperándote. No comí hasta tu llegada. ¿Cuál gas venenoso mató y no mató al gato de Schrödinger? Descanso en esta silla móvil, pero también estoy en el desierto zacatecano. Estoy vivo y muerto, como el felino. Pero cuando alguien lea estas líneas estaré muerto. «Pensar en la muerte es reconfortante», te dije anoche. «Sí, es liberador», respondiste. Yo no podría trabajar en un hospital y escribir poemas al mismo tiempo, en ocasiones ni siquiera puedo escribir un solo verso. Suena mi teléfono. Eres tú. Preguntas si ya lavé los trastes. «Por supuesto», te respondo; en realidad no los he lavado todavía. En la interpretación de los muchos mundos sí estamos vivos y muertos, pero en partes diferentes del universo. En este mundo estoy muerto, en otro vivo. Para la perspectiva relacional solo estoy vivo o muerto, dependiendo de quién me observe; para ti estoy vivo, para todos mis amigos estoy muerto. Un martillo rompe y no rompe el frasco de gas tóxico en la caja donde se encuentra el minino, ahí también estamos todos nosotros y ustedes también. En estos momentos ustedes se encuentran leyendo esta línea. Me levanto de la silla, me dirijo a la cocina, comienzo a lavar los platos. Los vecinos están perforando sus paredes, sonidos de taladro inundan mi alcoba. Apenas oigo las guitarras del tercer disco de La Barranca. Se dispara un electrón, todos estamos muertos y vivos. «Alguien se roba la luz, alguien se roba a tu perro», canta José Manuel Aguilera. Enjuago la taza de cerámica con detalles de Jesucristo. La física cuántica desafía nuestro sentido común. Entonces yo estoy y no estoy vivo, cavilo; tú estás y no estás ayudando enfermos, hoy hace y no hace frío... así de manera sucesiva hasta volvernos tan lunáticos como el Sombrerero Loco. Estoy solo, pensando y no pensando en la muerte. Decidí ser poeta cuando terminé la secundaria. «Tus poemas pueden ser lo que nuestra comunidad estaba esperando», me aseguró la maestra de español. Te oigo abrir la puerta, me da gusto verte. Me besas con desgano en los labios. «¿Cómo te fue?», indago. «Mal —espetas—, pero no quiero hablar sobre eso». Tu voz suena cansada y débil. Te diriges a la cocina para servirte una taza de té que recién preparé con parsimonia. «No lavaste los trastes», me reprendes.

Me levanto de golpe y sigo lavando los platos. Te metes a bañar. También ustedes son ondas y partículas. Tomamos distintos caminos a la vez. Cuando termino de secar todos los platos y acomodarlos en las alacenas me pongo a barrer el comedor y la cocina. Has terminado de bañarte, te estás secando el pelo con ese aparato estridentísimo. Seguramente alguien murió en el hospital donde trabajas. Toda mi vida me he sentido muerto. Todos ustedes son unos gatos encerrados en una caja de madera o cartón con o sin arena. Sigo haciendo planes, relacionando ideas, vislumbrando las figuras retóricas esperadas por mis paisanos; escucho el noveno disco de La Barranca. «Tratas de cortar la realidad con un espejo», dice la canción proveniente del aparato de sonido. ¿Qué estoy haciendo en el desierto zacatecano? Caminando con don Pablito, buscando ese pequeño cactus mágico. Está sonando ese ruido demoníaco de la secadora para el cabello. ¿Por qué es reconfortante pensar en la muerte? Porque obliga a dimensionarlo todo: a final de cuentas, terminaremos en el panteón de La Purisíma o en el de Dolores. «Es de mala educación asistir a una fiesta sin ser invitado», dijo la Liebre de Marzo. Tú y yo no estamos casados todavía, pero pronto lo haremos, llevamos más de tres años viviendo juntos, desde luego, te enamoraste de mí por los cientos de poemas que te escribí. «Veamos una película», ordenas. «Solo déjame terminar de barrer», te respondo. El electrón será detectado y el felino morirá, exactamente igual que todos ustedes. Los expertos de Copenhague tienen una de las opiniones más importantes sobre el gato de Schrödinger. ¿Qué opinarían ellos sobre el resultado de mi trabajo en la cocina? «¿Cuál película veremos?», te interrogo. «No sé todavía, una de miedo», me contestas. Los caminos se superponen, morí y no morí en el desierto zacatecano; fenecí para mis amigos esa noche en Mazapil buscando la planta sagrada, sigo vivo para ti, pues me estás esperando en la habitación. Yo deseé dormir todas las noches a tu lado, pedí mi deseo y me fue concedido. El hecho de que me mantengas es un regalo de los dioses nuevos y viejos. Me dirijo a la habitación. Cuando el sistema cuántico se rompe, la realidad se define por una de las opciones. Solo veremos al gato vivo o muerto, nunca ambas. El estar y no estar al mismo tiempo solo se cumple para las partículas subatómicas. En realidad, ustedes no están vivos y muertos, tampoco estoy en el desierto de Mazapil caminando con don Pablito. Los vecinos ya terminaron de perforar sus paredes; en este momento un silencio absoluto recorre nuestra habitación. El Sombrerero está pensando en el peinado de Alicia. ¿Por qué te habrá ido mal en el trabajo? Seguramente muchos de tus pacientes no tienen cura. Tú salvando vidas, y yo soñando con escribir los poemas más esperados de la región. Debería empezar a buscar un verdadero empleo. Cuando llego a nuestra recámara, ya estás dormida con la pantalla encendida, veo la información de una película de horror. Cuando alguien les pida lavar los trastes es porque están realmente vivos; mientras tanto, el panteón les espera con paciencia. Todavía no tengo sueño y no necesito la opinión de los expertos de Copenhague para saberlo. Definitivamente nunca podré escribir los poemas más esperados del noroeste, mañana mismo comienzo a buscar un trabajo de verdad.

Starman

Mi nombre es Johann

Mamá no me hacía caso por estar trabajando. Mi padre nos abandonó porque no quería mantenernos. Por mucho tiempo, mi vida fue un asco. Hasta que conocí a Arely. Ella es una persona dulce, como una pera fresca en los anaqueles del Oxxo; llegó a mi vida un día muy difícil, se quedó un tiempo y yo no quería dejarla ir; pero, como todo lo bueno en esta vida, se terminó. Ahora solo me queda un libro que me regaló y el recuerdo de sus besos. Cuando se fue, yo estaba listo para casarme con ella; por desgracia, ella tenía otros planes.

Solía drogarme

Cuando fumaba marihuana, todo parecía mejor: me sentía feliz y nada me importaba. Arely no me juzgaba por eso. Hoy he logrado dejar ese vicio, pero aún padezco las consecuencias. La primera vez que me drogué estaba en casa de mi madre, subí al techo de mi habitación y encendí un tapón de pluma Bic relleno de cannabis, me aluciné con el cielo negro y sus nubes blancas. Todavía no conocía a Arely, a mi mente vienen ahora su nariz perfecta, su piel tan lisa y esa manera de quedarse callada.

Arely

Esta mujer, niña, adolescente siempre está dispuesta a ayudar a todos; la amo, aunque se haya ido. Es como mi afección por la marihuana: ya no forma parte de mi vida. Pero mi presente depende del pasado, de la historia que hicimos juntos. Recuerdo nuestro primer beso en la banca del parque Sierra de Álica: labios húmedos, su cuerpo pegado al mío, mi deseo de devorarla. Yo ya no debería estar pensando en eso, sino en mi futuro, en mi sustento y en qué chingados voy a cenar hoy. Arely, ¿por qué me dejaste? Yo debería estar muerto. Hoy me desperté después de soñar contigo. Como me puse triste, me volví a dormir. Desperté con hambre. Me preparé un sándwich de espinacas. Te extraño mucho, aunque nunca hayamos hecho el amor. El amor tampoco nos hizo a nosotros. Somos los hijos bastardos de Dios, las moscas que ni siquiera a nadie le interesó matar. ¿Somos? Pero... ¿por qué hablo en plural? Te incluyo también a ti, al lector, al que pasea su vista por estas palabras.

Mi primera equivocación...
fue haberte dejado ir; aunque eso en realidad no dependía de mí. La vida de un adicto rehabilitado es difícil: la recaída siempre se puede dar, cualquier día, en cualquier momento, por cualquier situación. En mi época de marihuano, fumaba al despertar, antes de desayunar, después de desayunar, al mediodía, antes de comer y toda la tarde. Nunca aprendí a forjar porros. Ponía música, bailaba, pensaba en ella. Siempre pensaba en ella. Aunque nunca tuvimos intimidad, me permitió conocer con mis manos algunas partes tersas y delicadas de su cuerpo. Arely siempre se preocupaba por los perros de la calle, más si eran cachorros, muchas veces la vi llorar por algún pequeño can herido. Siempre me intrigó el hecho de que le importaran más los animales que las personas.

Rehabilitación

Es sabido que el mejor método para dejar de drogarse son los doce pasos; el primero consiste en aceptar la realidad. Acepto el abandono de Arely, mi dependencia física, biológica y mental a la marihuana, mi estulticia, mi falta de valor, la indolencia ante cachorros heridos. Acepto la voluntad de dios (así, con minúscula). El primer paso también nos invita a admitir que somos impotentes ante esa sustancia de nuestra adicción. Estuve enfrascado en una batalla contra la marihuana, perdí; todas las veces que lo intente volveré a perder. Arely no me dejó a causa de mi adicción, incluso llegó a drogarse conmigo mientras escuchábamos a Los Smiths, David Bowie, Joan Sebastian, The Cure o los Caifanes. Nunca a Café Tacuba, pinche banda de fachos pusilánimes.

Mi papá es un idiota...

Afortunadamente, no es violento: nunca nos puso una mano encima ni a mi madre ni a mí; pero nunca quiso madurar, prefería beber hasta perder la consciencia; siempre culpaba a mi abuelo de sus desórdenes mentales; su máximo anhelo era ver triunfar a su banda de *punk*, pero no eran lo suficientemente buenos. Por fortuna, llevo más de tres años sin saber nada de él. Espero que tú no seas de esas personas a las que les importan más los animales que las personas. La última vez que lo vi, estaba orgulloso de ser un chavorruco; seguramente lo sigue siendo. Un chavorruco es alguien irrisorio, vergonzoso, fuera de tiempo y de lugar. Yo nunca seré un chavorruco: desde los veinticinco años asumiré mi papel de señor, vehemente y tranquilo, responsable y sereno. Si piensas drogarte alguna vez en tu vida, me gustaría pedirte que no lo hicieras; si lo vas a hacer de todos modos, entonces te pediré que lo hagas muy pocas veces. Hay muchas cosas mejores que las drogas, como ganar dinero honradamente o tener un trabajo divertido.

Crear lazos

¿Qué significa eso? Es tener hábitos, vicios, defectos, virtudes, acostumbrarse. Acostumbrarte a las personas: amigos, parejas, familiares... Es desear ver siempre a esa persona para hablar, tocarse, caminar juntos. Además, es todo lo que le explicó el zorro al principito en el capítulo veintiuno. Arely y yo creamos lazos, pero se rompieron como los hilos que nos atan a la vida al momento de morir. Cuando la conocí, yo había ido a comer con mi padre: el chavorruco me invitó a comer después de tres años sin saber nada de él. Terminamos discutiendo y rayándonos la madre. Me fui del restaurante jurando no volver a verlo jamás. Salí tan ofuscado que olvidé mi teléfono en la mesa. Una señorita que trabajaba ahí me alcanzó para devolvérmelo, aprovechó para pedir mi número; se lo di sin saber lo que estaba haciendo; agradeció y se marchó. Caminé hasta la casa, encendí un toque que me había regalado mi amigo Benito, escuché música, pensé en el idiota de mi padre, recordé a la chica que ahora tenía mi número telefónico.

Segundo paso

Aceptar la derrota es imposible, pero este paso nos invita a dejar el fardo. No somos omnipotentes: seguimos siendo ese gran misterio creado por fuerzas superiores. Se valora más una vida tranquila después de que se ha estado en el infierno, después de haber tenido todo el cuerpo enterrado en la profundidad más oscura del abismo. No quiero ponerme dramático, y si así fuera, ofrezco una disculpa. Arely no está muerta, pero para mí es como si lo estuviera. Por dejar el fardo me refiero a admitir que nuestro destino no solo depende de nosotros, también existen poderes superiores incidiendo en lo que nos ocurre: la sociedad, el estado, la naturaleza, la cultura... Dios. ¿Crees en Dios? Yo antes no creía; ahora creo, pero a mi modo. He creado una combinación de catolicismo con budismo, minimalismo, capitalismo, satanismo, socialismo y ciencia... Vaya paradoja, ¿eh? Mis creencias no son irrefutables, pero me han funcionado. ¿Cuáles son tus creencias? Arely creía en la ciencia y en la naturaleza. Mi madre cree en Buda. No sé en qué chingados cree mi padre, pero, desde luego, no cree en mí.

Mi segunda equivocación

No les voy a contar todos los errores que he cometido, aunque estoy seguro de que, durante nuestras vidas, los seres humanos cometemos más de mil, millones incluso. Uno de los más grandes de mi vida fue haber probado la droga. Estas palabras no pretenden ser un alegato contra los estupefacientes; más bien son una catarsis, un crisol de metales, un muro de lamentaciones. ¿Qué nos vuelve proclives a consumir narcóticos? ¿Los medios masivos de comunicación? ¿Las redes sociales? ¿La violencia estructural? ¿La curiosidad? ¿La corrupción? En mi caso, fue un amigo de la primaria; me lo encontré en el camión, nos sentamos juntos. «Pocas cosas como la marihuana —dijo—. La primera vez te encuentras cara a cara con tus demonios; ya después es como flotar entre las nubes». Mi mente ya tenía una nueva misión: drogarse. Tenía quince años. No es fácil para un adolescente de esa edad conseguir marihuana si no se encuentra en el medio. Me resultó difícil: se me ocurrió preguntarle a un taxista, que me dio un número telefónico. Llegué a mi casa, subí a mi habitación y encargué un paquete de cien pesos. Media hora después, ya estaba afuera un motociclista esperando para entregar mi paquete. Pagué y se fue sin despedirse.

Joan Sebastian

Me pusieron Johann porque a mi abuelo le gustaba Joan Sebastian, pero el chavorruco quiso ponerle estilo añadiéndole la «h» y otra «n». Algunas personas me dicen Yojan, otras Yoan. A mí no me importa cómo me quieras llamar tú. El libro favorito de Arely era *El principito*, y por eso me lo regaló; decía que ella era el zorro y yo el principito, o al revés. En realidad no importaba quién fuera quién. «El corazón es más inteligente que el cerebro», decía en sus momentos más líricos. Hoy hace tres años que estoy limpio, solo fumo algún cigarro de vez en cuando. Soy abstemio, pero no soy un santo. Tú también debes tener algún defecto. Cuando le di mi número a Arely tardó tres meses en ponerse en contacto conmigo, ya había olvidado habérselo dado. La verdad sea dicha, ella no llamó para nada mi atención. Natural, mirada sincera, tranquila, como el bajón de unas fumadas de marihuana, como un atardecer en la playa cuando no se le debe nada a nadie. También hace tres años se fue, todo aquí sucede en múltiplos de tres; o no sé, no importa. «Tu papá es guapo», decía el primer mensaje que me envió. «¿Quién eres?», pregunté. «Por muy enojado que estés, no debes olvidar tu teléfono en la mesa de ningún restaurante», respondió. «Ah ya sé», escribí y envié. Así seguimos diciéndonos nimiedades hasta que planeamos encontrarnos. Todo fue muy parecido a la primera vez que fumé marihuana: rellené una tapadera de pluma y subí al techo de mi habitación; como dijo Benito, mi excompañero de la primaria, se me aparecieron uno por uno mis demonios. Si viajara en el tiempo, no le daría mi número a Arely ni tampoco hubiera dado esa primera bocanada de cannabis. Las drogas no son algo que se tenga que probar; si ya lo hiciste, mejor pasa de eso, entre más pronto mejor; es un error que tarde o temprano terminarás pagando caro, grábate estas palabras. Mi primer demonio, desde luego, es mi padre; mi segundo demonio, Arely. Pero en aquellos tiempos todavía no la conocía, ojalá nunca la hubiera conocido. Ya se me antojó un cigarro.

Enfrenta tus demonios

Alguien jugó con Arely, después ella decidió jugar conmigo; o no sé, es muy cobarde de mi parte verlo de esa manera. ¿Y qué chingados si soy un cobarde o no? Si alguien juega contigo, agradécele haber salido pronto de tu vida; gente enferma hay en todos lados, personas leales y honestas hay muy pocas; si conoces a alguien así, trata de conservarlo, pero si se quiere ir, déjale marchar. Yo estaba en el techo de mi habitación; prendí mi porro y vi a mi padre disfrazado de vampiro; bebió de mi sangre, voló al cielo y se convirtió en una nube blanca, después tomó la forma del logotipo de disney (así con minúscula). Si jugaron contigo, no juegues con los demás; si te utilizaron, agradece el aprendizaje y colabora para que el mundo sea mejor, no peor; no esparzas el sufrimiento, no reproduzcas la maldad humana. Mi segundo error fue haberme drogado por primera vez, algo en mí se rompió; aunque eso quizás no dependía de mí, no sé, ya no importa. Arely me dejó el corazón roto, un ejemplar de *El principito* y mi gusto por David Bowie. No sé qué le dejó a Arely esa chica que jugó con ella. El tercer paso consiste en dejar nuestras vidas al cuidado de Dios. Algunos piensan que los doce pasos solo sirven para dejar de drogarse, no saben que también funcionan para restaurar corazones rotos.

Nuestra primera cita
Fuimos al parque Sierra de Álica, caminamos entre las piedras, fumamos un porro. Tú no debes fumar porros. Escuchamos música en sus audífonos, «*Starman*», de David Bowie. Contamos chistes, hablamos de películas y marcas de ropa. Así comenzamos la domesticación mutua. David Bowie puede ser una reencarnación del principito. ¿Dime una canción de Joan Sebastian que te venga a la mente? El tercer paso para dejar de drogarse consiste en poner nuestras vidas y voluntades al cuidado de Dios. Arely y yo nos besamos por primera vez en la banca del parque, mientras las fuentes seguían danzando en grandes explosiones de agua, bailaban al ritmo de la música. La tomé de la cintura, nos dábamos la mano, nos mirábamos de cuando en cuando. Después se fue porque las mujeres siempre deben irse a otro lugar, aunque, la verdad sea dicha, su mente siempre estaba en otro sitio. La mía también, por

culpa de mi vampiro punk o los efectos del tetrahi-drocannabinol. Es lo difícil de estar con alguien que gusta de chicas y chicos por igual: las posibilidades de que te dejen por otra persona se multiplican por dos. Ahora siento haber quemado gran parte de mis neurotransmisores, y veo muy difícil volverme a enamorar. Tampoco quiero hacerlo, soy el señor de mis emociones y el demonio es príncipe de este mundo. Arely volteaba a ver a todos los perros, con o sin dueño; los veía a los ojos, recreaba en su espíritu la animalidad de los canes. Por aquellos días jamás me planteaba el hecho de que algún día debería dejar la marihuana, yo pensaba que fumaría por siempre. Era ingenuo de mi parte. Tampoco pensaba en que Arely algún día me dejaría, pero se fue.

Miedo

No tengas miedo de escribir lo que salga de tu corazón, de tus ovarios; escribe con rabia o sin ella, escribe, aunque tus lágrimas no te permitan ver las letras; como diría mi tocayo, puedes escribir de tormentas, ciclones, dragones sin exagerar... pero si quieres exagerar, puedes hacerlo. El amor es más puro sin ideas ni palabras. Arely se fue a vivir a otra ciudad, se fue con otra persona, desapareció de la nada, ya no me acuerdo. ¿Qué hubiera sido de mí si mi padre no me hubiera abandonado? Pero a Cristo también lo abandonaron, también lloró y preguntó la razón del abandono, nubes tupidas se cerraron encima de su cruz. Llorar purifica el alma. Tus caricias eran ansiolíticos; tus besos, las frutas más dulces. ¿Todo lo anterior es un cliché? Quizás, pero el peor es el de las frutas. Joder, qué bien besabas. Nunca debí ir a comer con mi padre a ese restaurante, no debí sentarme junto a Benito en el camión, no debí comenzar a escribir esta historia, tampoco debí darte mi número. ¿Para qué? Arely pensaba mucho antes de hablar, hacía un esfuerzo consciente para nunca repetirse a sí misma. Cuando yo la conocí, ya le habían roto el corazón. «Shhhhhh... —me decía cuando yo empezaba a decir tonterías—. Antes yo decía muchas estupideces, hoy prefiero hablar menos». ¿Cómo saber si todas estas líneas no son pendejadas? ¿Lo sabes tú? ¿Qué estará haciendo Arely en este momento? Rescatando cachorros, besando a alguna chica, leyendo estas estúpidas palabras, meditando...

Benito

Mi madre hacía yoga todas las mañanas, preparaba el desayuno con calma, tenía fe en mí, sabía de mi adicción a la marihuana, pero siempre confió en que el sano juicio me sería devuelto. ¿Por qué herimos a las personas? ¿Por qué decidimos jugar con ellas? Para sentirnos fuertes, para creer que podemos, para engañarnos y sentir que tenemos el don de la manipulación. Lograr que miles hagan lo que tú dices te puede volver rico, más o menos así funciona el capitalismo. La meta de todo ser humano es la emancipación, la libertad, no depender de nada ni de nadie: ni de una copa, un porro, una línea, un foco, un amigo, una pareja... Por desgracia, la mayoría de las personas dependen de sus trabajos, pero, para ser sincero, yo no tengo nada contra eso. Benito llegó a fungir como mi *dealer* de hierba panteonera. Llegamos a platicar muchas tonterías de drogadictos, no me quedo con ninguna de esas pláticas. Mi madre me presentó muchas opciones para salir de ese abismo en el que accidental o voluntariamente permanecí seis años de mi vida. ¿Tú cuántos años tienes ahora? ¿En cuál círculo del infierno te encuentras? El alcohol nunca soluciona nada, al contrario, siempre empeora las cosas. Mi mamá siempre recomendaba respirar hondo y profundo con la nariz. Benito decía que la llave de la alegría era un gallo al día. Azúcar, caminatas, música, escritura, palabras y palabras conectadas unas con otras como mecates amarrados para sacar al diablo de nuestros corazones. Los Escatológicos, así se llama el grupo de *punk* de mi padre, cantan feo, feo como el escroto de un perro. En verdad son escatológicos, pero tomando en cuenta la segunda acepción de la RAE. ¿Acaso todas las madres de los mexicanos son unas santas? Sí. ¿Acaso todos los padres de los mexicanos son unos fantasmas? Sí. Todos somos hijos de Pedro Páramo.

Cuarto paso

Hacer un minucioso inventario moral de nosotros mismos sin engaños ni compasión. ¿Qué es lo peor que has hecho? ¿Robado, mentido, engañado, golpeado, jugado con alguien...? Es una especie de confesión para dejar de hacernos las víctimas, y aceptar que también hemos sido victimarios; es un crisol de consciencias, una catarsis deliberada. Alguien de confianza puede leer tu lista de pecados y después quemarla. Dejar el fardo. Yo fui diagnosticado con TCM (trastorno por consumo de marihuana). Llegué a culpar a Benito de mi adicción; a mi padre, a mi madre, a Arely, a Dios... Pero no era culpa de nadie, ni siquiera mía; es una enfermedad, una predisposición genética, una casualidad, una broma del destino... En ocasiones pienso que las personas no somos más que deseos, deseo de tener amistades, de estar con alguien, de tener lujos y pertenencias, comer, besar, amar, gozar... El cerebro es el que se vuelve adicto y nos engaña para conseguir la droga. Al final, ya ni sabemos por qué lo hacemos, simplemente lo hacemos. Es lo mismo con la gente que bebe o es adicta a cualquier otra cosa: nos volvemos seres básicos, primarios; nuestro cerebro llega a necesitar la droga para producir neurotransmisores y endocannabinoides, que antes producía de manera natural. Pinche Benito, todavía me gusta culparlo, aunque la culpa no fue de nadie. Mi madre trabaja en una tienda de ropa, es una cadena nacional; venden mucho; entra a las nueve y sale a las seis, a la casa viene llegando pasadas las siete, casi no la veo. Al menos ropa nunca me falta. En definitiva, el defecto que encabeza el inventario es mi tendencia a hacerme la víctima; puede ser que también sea el primero de tu lista, aunque puede ser cualquier otra cosa. Arely estuvo conmigo solo nueve meses, ¿puedes creer que me haya obsesionado tanto con ella a pesar de que fuimos pareja tan poco tiempo? Hoy puedo afirmar que la sigo amando, aunque acepto que jamás volverá.

«Starman»

Casi todo mundo sabe que cuando a alguien le gusta el espacio exterior o los astronautas es porque no le gusta su vida en esta tierra, porque piensa que este no es el mejor de los mundos posibles. Quizá así éramos Arely y yo: deseábamos vivir en un mundo mejor. Ella me contaba todo lo que pasaba por su mente; yo, desde luego, la tenía al tanto sobre mi padre y sobre la distante relación con mi madre. Yo tenía dieciséis años cuando empecé a salir con Arely, ella diecisiete; siempre me daba buenos consejos y tenía las palabras exactas para tranquilizarme, me hacía sentir importante y especial. «No lo echen a perder, dejen a los niños bailar», cantaba David Bowie. Es difícil madurar, pero al final la mayoría terminamos haciéndolo, el alcohol y las drogas nos lo impiden. La inmadurez solo se justifica a ciertas edades, después ya no. Arely parecía una princesa azteca; yo solo era alguien que solía hacerse la víctima. Mi madre vende playeras, pantalones, sudaderas, calcetines, ropa interior; apenas terminó la preparatoria, no pudo seguir estudiando porque se embarazó de mí; papá dejó trunca su carrera de Leyes; yo estoy poniendo todo mi empeño para convertirme en hombre de bien. Arely se fue sin darme explicaciones; me dejó por una mujer que también rescataba cachorros. Quizás yo también le parecí un perrito abandonado que necesitaba ser rescatado. Después de la primera cita ya no pude dejar de pensar en ella. Yo estaba en tercer semestre de preparatoria, ella en quinto, no estábamos en la misma escuela, pero nos veíamos casi diario.

Naturaleza exacta

Así consumí tres años de mi vida, fumando mota todos los días, todo el día. Cuando conocí a Arely, ya tenía un año drogándome, varias veces me juré no volver a consumir, pero no lograba mantener mi promesa ni ocho horas. Hasta que un día, en un sueño, mientras me estaba comiendo una torta de bistec de las que vendían en la cafetería de la escuela, un aluxe se acercó a mí. «Tengo hambre —dijo—. Esa torta se ve en extremo apetecible». La dividí en dos, le compartí la mitad al duende maya. Lucía asexuado. «Ya estás muerto, ¿lo sabes?», preguntó. «Lo sé», respondí. «Es tiempo de dejar de fumar esa hierba del diablo», sentenció. «Ok», contesté. Cuando desperté, leí un mensaje en mi celular: «El quinto paso te invita a admitir la naturaleza exacta de tus defectos. Algo muy parecido al primer paso. Aceptación».

Chavorruco imbécil

Sal de aquí, chavorruco imbécil, así como decidiste salir de nuestras vidas. Pero alguien también se atrevió a nombrarme chavorruco a mí, quizás lo sea en acto o en potencia. No supe si mi vida terminó cuando decidí dar esa primera bocanada de THC o cuando Arely decidió salir de mi vida. Hoy en la noche le mandaré un mensaje, no sé si lo responda.

Chatrooms

Yoan: Espero estés bien, solo paso a saludar.
Arely: ¿Quién eres?
Yoan: Yoan.
Arely: Ah, Yojan. Qué gusto saber de ti, ¿cómo estás?
Yoan: Mejor.
Arely: Me da gusto. ¿A qué debo el milagro?
Yoan: Quisiera saber si nos podemos ver.
Arely: Sí, claro, pero... ¿para qué?
Yoan: Para escuchar la nueva canción de Los Escatológicos.
Arely: Está bien. ¿Dónde nos vemos?
Yoan: ¿Puedes pasar a mi casa?

Arely's version

Cuando conocí a Yojan, era un idiota que solo quería estar drogado todo el día. Yo era mesera en el restaurante de mi tío. El muy marihuano olvidó su teléfono en la mesa. Cuando se lo devolví, me pidió mi número telefónico, le compartí mi contacto solo porque no supe cómo reaccionar. Su padre me pareció muy interesante, con ese *look* emo de principios de milenio, pero envejecido por desveladas y crudas mal curadas. Tres días después del episodio que ya todos ustedes conocen, me mandó un mensaje: «Mañana voy a hackear el sonido de las fuentes danzantes en el parque Sierra de Álica, voy a poner *punk* robótico con sonidos industriales. ¿Te gustaría acompañarme?». Decidí ir porque me gustaba el *punk* y me dio curiosidad eso de los sonidos robóticos. Cuando llegamos, estaban sonando las valquirias de Wagner, luego nos sentamos en una banca, alejados de la gente. Yojan me pidió permiso para encender un porro. Fumamos. Las fuentes empezaron a bailar a diferentes ritmos: primero, martillazos y barrenos, luego sintetizadores y ruido blanco, por último, esa voz robótica cantando algo sobre bytes y control mental.

Un fastidio

Tener una relación con él era un verdadero fastidio: siempre se estaba quejando de su padre, de su madre y de sus maestros; vivía alucinado y con sus sentidos alterados, pero yo disfrutaba de su compañía. Me gustaba escuchar música con él. A mí me interesaba su padre, pero cuando le preguntaba cualquier cosa sobre él, se molestaba, se exaltaba y comenzaba a gritar, vociferar y maldecir. Yojan me suplicó muchas veces que volviéramos, pero yo ya no deseaba estar con él, pues se había vuelto una persona muy molesta para mí. Me alegré cuando me enteré de que ya llevaba tiempo sobrio, eso le ayudaría a madurar y a estabilizar su vida; aunque nuestra relación ya había terminado de manera definitiva, yo le deseaba lo mejor. Su padre era el vocalista de Los Escatológicos, tenían buenas letras y se oían bien en vivo; más de una vez fui con mis amigas a alguno de sus conciertos. Cuando conocí a Yojan, no le gustaba leer, por eso le regalé su primer libro, *El principito*. Muchas de nuestras pláticas giraron alrededor del libro. Me daría gusto saber que sigue leyendo. Definitivamente, yo era el zorro y él era el principito. Siempre quería estar conmigo, como si no tuviera otra cosa qué hacer. La verdad, yo siempre lo vi más como un amigo que como una pareja, por eso nunca cedí a su deseo de acostarse conmigo.

El gusto por las chicas

Descubrí que me gustaban las niñas en cuarto de primaria; recuerdo el momento exacto: estaba con mis amigas, sentada en las gradas de la plaza cívica de la primaria cuando me dieron un balonazo en la cabeza; me desmayé durante algunos minutos, me llevaron a la dirección, me tuvieron ahí mientras volvía en mí. Cuando desperté, estaba a mi lado la niña más bonita que había visto en mi vida. Sostenía una de mis manos cuando por fin pude abrir los ojos. «¿Arely?», ella dijo mi nombre. ¿Por qué sabía cómo me llamaba? Para mí fue como despertar en el cielo, recobré la conciencia sorprendida ante esos ojos cafés grandes y brillantes. Al día siguiente averigüé su nombre: Yazmin. No podía dejar de pensar en ella. En aquel tiempo yo tenía novio, pero lo terminé justamente por eso. Cuando salió de la primaria, no volví a saber nada de ella, pero la recuerdo con mucho cariño. Cuando terminé a Yojan, fue por otra chica, las mujeres siempre me han parecido más inteligentes que los hombres, prefiero la compañía femenina a la masculina. Por eso no sé qué me pasó con el padre de Yojan.

Nuevas parejas

Arely se presentó ante mi puerta a las siete de la tarde, me dio un beso en la mejilla.

——Yo ya escuché todas las nuevas canciones de Los Escatológicos, de hecho, asistí a su grabación... Yojan, estoy enamorada de tu padre, pronto nos iremos a vivir juntos, estoy embarazada. Quise que te enteraras por mí.

——¿Qué? ¿Cómo? Maldito chavorruco bueno para nada. Yo no te puedo olvidar, Arely, eres el amor de mi vida.

——Lo siento, ahora llevo en mi vientre un hermano tuyo.

——¡Hermano mis cojones!

Me dio una bolsa con regalos y se fue. De seguro volveré a saber de ellos, pero por ahora deseo que los tres ardan en el infierno. Hasta hoy no he abierto los regalos, y no pienso hacerlo, quizás algún día logre superar todo esto; por ahora concentro toda mi voluntad para mantenerme firme en no volver a drogarme. A riesgo de parecer reiterativo, lo confirmo: nunca debí haber conocido a Arely.

Starman
de Iván Vladimir Reyna Guzmán
fue editado en la ciudad de Zacatecas
por Texere Editores SA de CV
ISBN: 978-607-8914-29-6

Dirección general
JUDITH NAVARRO SALAZAR
Dirección editorial
ANITEY ÁVILA CUÉLLAR
Edición y diseño de forros
JUDITH NAVARRO SALAZAR
Lectura de control
ALEJANDRA MONSERRAT MENA ÁVILA
ALONDRA VANESSA CALZADA OLIVARES
XIMENA SANDOVAL ALONSO
ROXANNA ISABEL DOMÍNGUEZ VALENZUELA
ISAAC MAURICIO MONCADA DUEÑAS
Comercialización
ANA KAREN ORTIZ PLACENCIA
Vinculación
KARLA SUSANA MACIEL GARCÍA